G. ROSE Fils et G. De NOLA

POUR

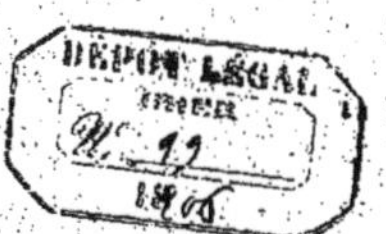

AVOIR LA DOT

BOUFFONNERIE EN UN ACTE

2 H. 2 F.

Visa du 26 Octobre 1905

PARIS

C. JOUBERT, Éditeur, 25, rue d'Hauteville

Répertoire de la Société Lyrique

Tous droits de reproduction, de traduction et de représentation réservés pour tous pays y compris la Suède, la Norvège et le Danemark

Anciennes Maisons BRANDUS et JOUBERT réunies

C. JOUBERT, Successeur

ÉDITEUR DE MUSIQUE

PARIS. — 25, Rue d'Hauteville, 25. — PARIS

RÉPERTOIRE
DES OUVRAGES DE CONCERT EN UN ACTE

Faisant partie du répertoire de la **SOCIÉTÉ LYRIQUE**

Abréviations : LOC. Veut dire : La musique n'est qu'en location et ne se vend pas.
SM. Signifie : Pièce sans musique.

Les prix indiqués dans la colonne des « Prix nets » signifient qu'il existe une partition piano et chant.

AUTEURS	TITRES DES ŒUVRES	HOMMES	FEMMES	PRIX NETS
D. Campisiano	Absalou	2	1	6 »
E. Fournier	Accordeur (L')	2	3	s. m.
Guillemaud	Adrien n'aime pas le piano	3	1	s. m.
Vallès-Garnier	Affaire Cœurdeveau (L')	5	1	s. m.
Daniel Jourda	Affaire de Bourse	6	2	s. m.
St-Paul-G. Rose Fils	Agence est au-dessus (L')	3	3	s. m.
F. Bernicat	Agence Rabourdin (L')	1	4	5 »
L. Bouvet-F. Muffat	Ah! la chouett'revue	4	4	loc.
Japy	A huitaine	troupe	»	5 »
Alexandre-Roger Darval	Ate!.., J'ai peloté ma belle-mère	5	4	s. m.
St.-Paul-Rose Fils	Air de la mer (L')	4	4	s. m.
Bessière	A la Caserne	6	2	s. m.
St-Paul et Maurice Lupin	Alfred a des cors aux pieds	3	2	s. m.
L. Bouvet	Ami Chambardel (L')	3	1	s. m.
De Marsan	Ami Roscanvel (L')	4	3	s. m.
Lebreton	Amour à coups de poings (L')	2	2	s. m.
Lebreton-St-Paul	Amour en Dentelles (L')	2	2	s. m.
G. Street	Amour en Livrée (L')	3	1	5 »
Desormes	Amour et l'Appétit (L')	1	1	4 »
Vallès-Garnier	Amour et Sauvetage	3	2	s. m.
De Farcy	Amour Modiste (L')	2	3	s. m.
V. Roger	Amour Quinze-Vingt (L')	3	1	4 »
Dottin-Boulay-Laytice	Amours d'un Piston (Les)	3	2	s. m.
L. Bouvet	Anarchiste (L')	3	1	s. m.
M. Gribinski	Annonce (L')	3	3	s. m.
Alexandre Roger Darval	A nous le Divorce	6	5	s. m.
St-Paul-P. Avril	Apache est de rigueur (L')	1	2	s. m.
L. Bouvet	A propos de Bottes	2	»	s. m.
J. Emmecé	A qui le Gosse ?	troupe	»	s. m.
Monnéry-Marien	Argot tel qu'on le parle (L')	5	3	s. m.
M. Chautagne	Arracheuse de Dents (L')	2	1	4 »
Bouvet-Arribat	Arrestation arbitraire	4	2	s. m.
Marc Sonal	Arrêts de rigueur	1	1	s. m.
Géraldy	Ascension du Mont-Blanc (L')	1	1	4 »
L. Martin-Duhem	Auberge du Tambour battant (L')	2	2	loc.
Banès	Au Coq huppé	3	2	5 »
Carpentier et J. Meudrot	Audition de St-Glinglin (L')	3	»	s. m.
Guérineau	Auteur par amour	1	2	3 »
L. Bouvet et J. Arribat	Auvergnat par amour	3 ou 4	2	s. m.
Henry Moreau	Avant le bal	1	2	3 »
L. Riveau et G. Dubreuil	Avarié du Mardi Gras (L')	3	2	s. m.
H. Gambart et G. Charpentier	Baduquet n'est pas ridicule	2	2	s. m.
Déransart	Baigneur et Nageuse	1	1	3 »
Antigean-Doural-Roydel	Baigneuses de Carotteville (Les)	5	9	loc.
A. Mouëzy-Éon	Bain de pieds (Le)	1	2	s. m.
Rose fils et Ryvèz	Banquier malgré lui	3	3	s. m.
Leserre	Barbe-Bleue	1	»	2 »
L. Moche	Baronne	2	1	s. m.
Georges Rose fils	Belle maman m'adore	2	3	s. m.
De Marsan	Belle-mère apprivoisée (La)	4	3	loc.
Lebreton-St.-Paul	Belle-mère est sans pitié (La)	2	2	s. m.
Wachs	Bibi ou l'Enfant de l'Amour	1	1	1 »
Bouvet-Muffat	Le Bigamme de la Bastille	3	3	s. m.
C. Roland	Bimariés	1	1	s. m.
B. Lebreton et F. Soudant	Bonne à découché (La)	4	4	s. m.
L. Bouvet-F. Muffat	Bonne nuit Tardiveau!	3 ou 2	2 ou 1	s. m.
E. Bessière	Bonsoir!!!	1	1	s. m.
Cellier-Jouillot	Boudoir discret	2	1	s. m.
Moreau-Gramet	Bougnol et Bougnol	4	2	loc.
Villebichot	Boum ! Servez chaud	8	2	4 »
H. Moreau-Arnould	Braves gens (Les)	7	5 ou 7	loc.
Hubans	Brelan de bègues	2	1	5 »
H. Mareau et Maurice	Bretelles (Les)	2	1	s. m.
F. Bernicat	Cadets de Gascogne (Les)	troupe	»	7 »
Banès	Cadiquette (La)	1	1	5 »
Saint-Paul	Cage de l'Oncle Tom (La)	3	2	s. m.
Lebreton	Caïn	3	2	s. m.
Javelot	Calino amoureux	2	1	3 »
Lebreton et Soudant	Camelots (Les)	6	5	loc.
E. Bouchaud	Cantine Grovot (La)	5	3	s. m.
Lebreton-Moreau	Ça porte bonheur	5	3	s. m.
V. Herpin	Capricorne (Le)	troupe	»	loc.
F. Barbier	Carmagnole (La)	3	3	5 »
A. Berthon	Carnaval des 4 z'arts (Le)	6	2	loc.
Levavasseur	Carte de visite (La)	3	3	s. m.
Antigeon-Despiau	Cascadin et Cie	6	5	s. m.
O. Méténier-D. Fabrice	Casque d'or	1	3	s. m.
Léon Jancey	Cavalier Bourlot	2	»	s. m.
F. Lémon-J. Hoy	Ce cochon d'Émile	3	2	s. m.
D. Jourda	Celles qui savent	1	2	s. m.
Chabaud-Colonge-Tranchant	Ce pauvre Bobinet	2	1	s. m.
De Marsan	Ce Sacré Narcisse	4	3	s. m.
D. Fabrice	Ce Zidore	3	»	s. m.
A. Mesnil-P. Bayonne	C'est la vie	3	2	s. m.
G. Rose fils-F. Bonverel	C'est un secret de Polichinelle	2	2	s. m.
G. Rose fils et G. de Nola	Cette Crapule de Duveau	2 ou 3	2	s. m.
Chelu	Chambre à louer	1	2	2 »
L. Bouvet	Chanson de Florentin (La)	3	2	6 »
V. Roger	Chanson des Écus (La)	3	1	4 »
E. André	Chaos (Le)	1	1	4 »
H. Gilbert	Chaste Suzanne	2	2	s. m.
Yvel	Chéri des Dames (Le)	4	2	loc.
Dourel-Roydel-E. René	Chevalier Tric-Trac (Le)	2	8	loc.
Meynard	Chez le Dentiste	3	1	3 »
Lhuillier	Chez les Corniquet	1	3	2 »
B. Lebreton	Chez « Ma Tante »	7	5	3 »
C. Rosenquest	Chicard et Bébé	1	1	4 »
L. Bouvet	Cinq à sept de chez Pétrusse (Les)	6	5	loc.
Moreau-Gramet	Cinq contre un	3	4	loc.
E. Brasseur-L.T.	Circulaire du Préfet (La)	6	2	s. m.
Villebichot	Cirque Ponger's (Le)	troupe	»	6 »
D. Lebreton-E. Blairat	Clef des Songes (La)	4	3	loc.
L. Bouvet	Clémence d'Auguste (La)	2	1	s. m.
Bessière	Clou (Le)	2	2	loc.
L. Collin	Coco Bel-Œil	3	2	6 »
A. Petit	Cocotte et Chiffonnier	1	1	loc.
L. Bouvet	Codicile (Le)	4	3	s. m.
Ch. Mengel-de Marsan	Colo saute le mur (Le)	5	3	s. m.
Villemer-Delormel				s. m.
Péricaud	Colosse de Rhodes (Le)	3	4	3 »
L. Bouvet-G. Arribat	Commandant Laverin (Le)	5	4	s. m.
St.-Paul-G. Rose fils	Commissaire est embêté (Le)	3	2	s. m.
A. Petit	Confections pour Dames	2	1	5 »
L. Bouvet-Schmoll	Congrès des Cocottes (Le)	5	7	s. m.
G. Touze-H. Barbé	Conquêtes difficiles	3	1	s. m.
L. Collin	Conscrit Tyrolien (Le)	1	1	3 »
Habrekorn et P. Marc	Contes de Piron (Les)	2	10	loc.
Lebreton-Moreau	Contrôleur des Wagons-lits (Le)	4	3	s. m.
H. Maugier-F. Laurenland	Coquins de Souliers	4	2	s. m.
Ryvez	Cordon s'il vous plaît	3	3	s. m.
L. Bouvet-F. Muffat	Cornuflot a la gale	4	3	s. m.
Lebreton-Moreau	Cote et Cocottes	4	4	3 »
H. de Farcy	Couleur Jaune (La)	3	1	s. m.
C. Roland	Courroie (La)	2	2	s. m.
D. Bouvet-H. Arribat	Course au sac (La)	1	2	3 »
Claude Roland	Courtisane à bon cœur (La)	2	3	loc.
Habrekorn	Couturière est au-dessus (La)	2	5	m.
G. Cellier et E. Jouillot	Couverture (La)	2	4	loc.
F. Bouveret	Créanciers du coffre-fort (Les)	5	2	s. m.
Marsan (De)	Crépuscule des vieux (Le)	3	2	m.
E. Fournier	Crime avorté	2	2	m.
L. Martin et E. Duhem	Crime de Passy (Le)	2	2	loc.
De Roze et d'Arsay	Culotte du marié (scène) (La)	1	2	m.
Saint-Paul	Dame aux bluets (La)	2	2	m.

POUR AVOIR LA DOT

4° Yth
7770

RÉPERTOIRE GEORGES ROSE FILS

AUTEUR

Pièces en un acte

Chez M. JOUBERT, 25, rue d'Hauteville, 25, PARIS

A LA SOCIÉTÉ LYRIQUE

10, rue Chaptal

Titre	Collaborateur	HOMMES	FEMMES
PEINTRE DE TALENT, *vaudeville*		2	3
DON JUAN DE MONTMARTRE, *vaudeville*		3	3
L'HOMME EXPLOSIBLE, *vadeville bouffe*		2	2
NOUS ALLONS CHEZ LES DURAND, *vaudeville*		1	1
BELLE-MAMAN M'ADORE *vaudeville*		2	3
INCOGNITO *vaudeville*		2	2
LE PRESTIGE de L'UNIFORME, *vaudeville militaire*	avec Ryvez	4	2
LE GREFFEUR, *vaudeville-militaire* (2ᵉ Edition)		4	3
LE BANQUIER MALGRÉ LUI, *vaudeville*		3	2
QUE MADAME N'EN SACHE RIEN, *vaudeville*		2	2
TROUVEZ UN PÈRE ! *vaudeville*		4	5
FAIS ÇA POUR MOI, *vaudeville* (2ᵉ édition)	avec Saint-Paul	3	2
POUR AVOIR LA FILLE, *vaudeville*		4	3
« ORDONNANCE » MALGRÉ LUI !... *vaudeville* (3ᵉ Edition)		3	2
LA DERNIÈRE CAROTTE, *vaudeville*		3	2
L'AGENCE EST AU-DESSUS, *vaudeville*		3	3
LA DAME AUX BLUETS, *vaudeville* (2ᵉ Edition)		2	2
L'HOTEL DES FANTOMES, *vaudeville bouffe*		3	1
DURANDARD EST BON GARÇON, *vaudeville*		3	2
TERRIBLE AFFAIRE ! *vaudeville*		3	2
DIVORCERONS-NOUS ? *vaudeville*		3	2
QUI VEUT LA FIN, *vaudeville*		2	2
L'AIR DE LA MER, *vaudeville*		4	4
LE COMMISSAIRE EST EMBÊTE, *vaudeville*		3	2
NOS DOCTEURS, *vaudeville*		3	2
LA FAMILLE DU BRASSEUR, *vaudeville*	Bouveret	3	3
C'EST UN SECRET DE POLICHINELLE, *vaudeville*		2	2
SACRÉ CAKE-WALK, *vaudeville*		3	2
CETTE CRAPULE DE DUVEAU, *vaudeville*	de Nola	2	2
CE BEAU FOIRON, *vaudeville*		4	2
COMMENT ROMPRE, *vaudeville*		2	2
AH ! LA FAMILLE		4	4
POUR AVOIR LA DOT		2	2
LE BRÉSILIEN, *vaudeville* (2 actes et 3 tableaux)	Mac-Hius	5	5

G. ROSE Fils et G. De NOLA

POUR

AVOIR LA DOT

BOUFFONNERIE EN UN ACTE

2 H. 2 F.

Visa du 26 Octobre 1905

PARIS

C. JOUBERT, Éditeur, 25, rue d'Hauteville

Répertoire de la Société Lyrique

*Tous droits de reproduction, de traduction et de représentation réservés pour tous pay
y compris la Suède, la Norvège et le Danemark*

Pour avoir la Dot

BOUFFONNERIE EN UN ACTE

Personnages

VADUBA, épicier, 50 ans.
LEDOUX, pharmacien, 30 ans.
ROSALIE, paysanne, bonne de Vaduba.
SUZANNE, fille de Vaduba.

La scène représente un petit salon bourgeois, espèce d'arrière-boutique, table, chaises, fauteuil, canapé, etc.

SCÈNE I

Vaduba et Rosalie.

VADUBA (*seul, il marche de long en large, impatient.*)

Trois heures moins 10. Dans 10 minutes il sera là ! Ah ! pourvu qu'il plaise à Suzanne.

ROSALIE (*entrant du fond*)

Monsieur Vaduba.

VADUBA

Qu'est-ce qu'il y a ?

ROSALIE

Y a personne avec vous ?

VADUBA

Tu le vois bien.

ROSALIE

Enfin, vous êtes bien sûr d'être seul ?

VADUBA

Seul, oui, tous les deux.

ROSALIE

Si vous êtes tous les deux vous n'êtes pas seul.

VADUBA

Mais, imbécile, je suis seul avec toi.

ROSALIE

Alors nous sommes tous les deux.

VADUBA

Enfin me diras-tu ce que tu veux ? Est-ce qu'il y a du monde à la boutique ?

ROSALIE

Oui.

VADUBA

Eh bien tu n'as qu'à servir.

ROSALIE

Je connais mon devoir, c'est pas pour ça que je suis venue.

VADUBA

Alors, pourquoi ?

ROSALIE

Pour vous remettre cette pneumatique.

VADUBA

Donne.

ROSALIE

Comme il y a dessus « Personnel » je voulais savoir si vous étiez bien vous et si vous étiez seul.

VADUBA

Mais donne donc, idiote !

ROSALIE

Je vous prie d'être polie, Mr. C'est bien assez pénible pour moi après avoir été la bonne d'un pharmacien de 2ᵉ classe, d'être tombée chez un épicier, sans que vous m'insultassiez !

VADUBA

Veux-tu me fiche le camp ! — As-tu commencé ton déménagement ?

ROSALIE (*prétentieuse.*)

Non, Mr. l'épicier, pas encore.

VADUBA

Eh bien tâche que ce soit fini pour ce soir. Le futur de Suzanne doit venir à 3 heures, il couchera certainement à la maison, je n'ai pas d'autre chambre à lui donner que la tienne, toi tu feras ton lit ici, dans l'arrière-boutique.

ROSALIE

Avoir servi dans la pharmacie et faire le déménagement ! (*Elle sort au fond*)

VADUBA *seul*

(*Il ouvre le télégramme et lit*) « Mon cher beau-père » (*Parlé.*) Tiens, c'est de Ledoux, mon futur gendre. (*Lisant*) « Je vous prie de m'excuser si je suis un peu en retard, une affaire imprévue et urgente ; mais je vais me hâter et j'irai de suite présenter mes respects a ma charmante fiancée, ainsi qu'à vous mon cher futur beau-père. Agréez, etc. Ledoux. » (*Parlé*) Bigre ! c'est bien embêtant ! Moi qui voulais aller voir ma petite Nine-Printemps, je lui avais dit : Chérie, je serai là à 4 heures. Pourvu que cela ne me mette pas en retard ! C'est un paquet de nerfs cette femme-là. Et puis elle pourrait être inquiète, elle m'aime tant ! Et elle est si gentille ! si spiri tuelle ! et un talent ! Il faut la voir au Casino des Epinettes quand elle chante :

 Oh ! oh ! oh !
 Mon p'tit gigolo,
 Parol' je t'adore
 Ma bell' gueule en or...re
 Oh ! oh ! oh !
 Mon Julot,
 Mon Poulot,
 T'es l' roi des gigolos !

(Il danse d'une façon grotesque en imitant une chanteuse de café-Concert, en voyant Rosalie il reste une jambe en l'air.)

Rosalie *(entrant du fond)*

Chouette ! On danse ! *(Elle fait vis-à-vis à Vaduba et reste en face de lui une jambe en l'air.)*

Vaduba *(toujours la jambe en l'air)*

Qu'est-ce que tu fiches-là ?

Rosalie *(même jeu.)*

Je ne sais pas, M. Vaduba.

Vaduba *(même jeu.)*

Est-ce que tu vas rester longtemps la patte en l'air ?

Rosalie *(baissant la jambe)*

Ben j'vois la vôtre, alors, moi...

Vaduba *(La jambe en l'air)*

Moi. c'est la joie, c'est à dire, non, mes rhumatismes.

Rosalie.

Ah ? c'est une nouvelle méthode ? C'est peut-tre pour remplacer le salicylate de soude ?

Vaduba *(même jeu)*

Quand j'ai la jambe dans cette position, ça va mieux.

Rosalie

Alors faut continuer le traitement.

Vaduba *(même jeu)*

Ah ! tu crois qu'il faut... Bon ! voilà que j'ai une crampe ! Suis-je bête de t'écouter ! *(Il baisse la jambe.)* Qu'est-ce que tu veux encore ? au lieu de rester à la boutique.

Rosalie

Oh ! ce n'était pas pressé, non, je venais pour vous dire que le robinet du fût de vin que vous avez mis en perce hier, est resté ouvert.

Vaduba

Tu dis ? Le vin est... Mais c'est le meilleur de ma cave ! Du vin qui me coûte à moi 225 francs la pièce !

Rosalie

Je sais bien. Alors. comme ça coulait, je suis venue vous prévenir.

Vaduba

Et tu ne l'as pas fermé ?

Rosalie.

Ma foi non, dans la pharmacie, quand un robinet est ouvert on ne le ferme jamais.

Vaduba

Tu m'embêtes avec ta pharmacie ! Va fermer le robinet.

Rosalie

C'est pas la peine, le fut est vide.

Vaduba

Hein !

Rosalie.

Tout le vin a coulé dans la cave, ça a même mouillé le stoc de chandelles qui était par terre, fait fondre le baquet de carbonate et une vingtaine de pains de sucre, et d'un sac de haricots blancs ça a fait des haricots rouges !

Vaduba

Misérable ! *(Il sort comme un fou par le fond)*

Rosalie

Epicier, va ! Oh ! la pharmacie ! la pharmacie ! ah ! j'avais bien besoin d'attraper une bronchite ! Le médecin m'a ordonné une boutique ouverte à tous les vents, c'est ainsi que je suis tombée dans la moutarde !

SCÈNE II

Rosalie — Suzanne.

Suzanne *(entrant de gauche)*

Mon père n'est pas là ?

Rosalie

Non, il est à la cave à contempler les dégats qu'un robinet ouvert peut faire dans les réserves de l'épicerie.

Suzanne

Dis-moi, M. Ledoux n'est pas encore arrivé ?

Rosalie

Ledoux, connais. pas.

Suzanne

C'est le monsieur que mon père veut me faire épouser. — 3 heures 20, il ne viendra peut-être plus — S'il pouvait rester chez lui ! a-t-on idée de ça, vouloir me faire épouser un monsieur que je ne connais pas ! Il nous a bien envoyé sa photographie mais je crois qu'en faisant l'expédition on s'est trompé, tiens regarde. *(Elle lui montre un portrait.)*

Rosalie

C'est une vache !

Suzanne

Envoyez le portrait d'une vache pour sa photographie, on n'a pas idée de ça ! En tous cas je vais examiner ce brave provincial, le détailler, et s'il ne répond pas à mon idéal, bernique ! il n'aura pas ma main.

ROSALIE

Et vous avez raison, mamzelle, quand on a un idéal faut pas s'en départir ou bien en est très malheureuse, ainsi, moi, j'avais un idéal.

SUZANNE

Ah bah !

ROSALIE

La pâte de jujube et la réglisse, les cataplasmes et les sinapismes, les ventouses et les suppositoires, la pharmacie en un mot. Aussi l'épicerie me fait horreur. Il y a bien du jujube et de la réglisse mais c'est un abus de confiance, on devrait laisser à la pharmacie ce qui lui appartient, ainsi que diriez-vous mamzelle si les pharmaciens vendaient les produits Félix Potin ?

SUZANNE

C'est moi qui m'en fiche ! La seule chose qui m'intéresse pour l'instant c'est le futur imposé par mon père et que nous ne connaissons ni les uns ni les autres.

SCÈNE III

Les mêmes, Vaduba.

VADUBA (*rentrant du fond*)

Je suis ruiné, déshonoré, quel désastre !

SUZANNE

Qu'y a-t-il ?

VADUBA

Ah ! ma pauvre enfant ! Je viens de la cave, dans une mare de vin se baignent la cassonnade et les pommes de terre ! Deux sacs de riz prennent un bain de pieds pendant que des caisses de pruneaux boivent le vin et que les lentilles se cuisent au vin ! C'est effrayant !

ROSALIE

Ben en v'là une affaire !

VADUBA

Toi !... fiche-moi la paix et déménage ta chambre et plus vite que ça si tu ne veux pas que je t'envoie retrouver l'antipyrine et l'huile de ricin !

ROSALIE

Ah ! ce que je la regrette l'huile de ricin ! (*Elle sort au fond.*)

VADUBA à *Suzanne*

Et toi ! Tu n'es pas encore en grande tenue pour recevoir M. Ledoux, mon futur gendre, par conséquent ton futur mari et le futur père de mes futurs petits-enfants ?

SUZANNE

D'abord je te ferai remarquer que ce M' devait être ici à 3 heures et qu'il y a une demi-heure que trois heures ont sonné.

VADUBA

Il m'a prévenu par un bleu qu'il serait en retard.

SUZANNE

Ensuite, pourquoi veux-tu me faire épouser ce Monsieur ?

VADUBA

Lui ou un autre, il faut bien que tu te maries. Veuf depuis ta naissance, toi tu n'as jamais connu les baisers d'une mère, il faut donc...

SUZANNE

Va ! Tu a bien tort de dissimuler avec moi, j'ai été élevée au couvent, c'est vrai, mais...

VADUBA

D'abord tu as été élevée dans un couvent laïque, Et que t'y a-t-on appris au couvent ?

SUZANNE

A voir clair.

VADUBA

Ça c'est très bien, seulement on n'a pas dû avoir grand mal, la nature t'ayant donné deux yeux.

SUZANNE

Ce n'est donc pas pour les avoir dans ma poche, j'ai vu que je te gênais et que tu ne serais pas fâché de te séparer de moi le plus rapidement possible.

VADUBA

Qu'est-ce que tu dis là ?

SUZANNE

Que le veuvage te pèse.

VADUBA

On va bien dans les couvents laïques.

SUZANNE

Et comme tu es un bon père, tu es forcé, tant que je ne suis pas mariée, de sauver les apparences. Mais que demain, de par mon mariage, tu ne sois plus tenu à cette réserve, M. mon papa ne sera pas fâché de reprendre sa vie de garçon.

VADUBA

Je suis stupéfait !

SUZANNE

Mais je te préviens d'une chose : je veux bien me marier et te débarrasser, mais avec quelqu'un qui me plaira.

VADUBA

Il n'y a plus d'enfants ! Mais il te plaira, j'en suis sûr.

SUZANNE

Comment sais-tu ça ? Tu ne le connais pas.

VADUBA

Mais c'est mon ami Martingo qui me l'envoie. Je lui ai écrit : « Mon vieux, j'ai une fille, 18 ans, jolie et 200,000 francs, connais-tu un parti pour elle ? » Il m'a répondu par courrier : » J'ai ton affaire, M. Ledoux, je le l'envoie. » Et voilà.

SUZANNE

Et voilà ! Ça s'appelle mener un mariage à la vapeur.

VADUBA

Ce sont les meilleurs. Quand on se connaît trop on s'aperçoit d'un tas de défauts. Ainsi, ta mère, je ne la connaissais pas trois semaines avant de l'épouser. Ça ne nous a pas empêché d'être très heureux. Il est vrai que la pauvre femme mourut 9 mois jour pour jour après la noce.

SUZANNE

En tous cas je te préviens papa, je vais l'éplucher ton M. Ledoux, il faut qu'il soit instruit, spirituel, assez bien de sa personne et un charmant caractère.

VADUBA

Il s'appelle Ledoux.

SUZANNE

Qu'il ne fasse pas mentir son nom !

SCÈNE IV

Les mêmes. Rosalie.

ROSALIE *entrant du fond*

M'sieur, encore une dépêche.

VADUBA

Donne donc (*la prenant, à part.*) Ça c'est de Nine.

SUZANNE

Tu n'ouvres pas ?

VADUBA

Ce n'est pas pressé, je sais ce que c'est.

SUZANNE

Une dépêche est toujours pressée... C'est peut-être de ta future... Je comprends que tu veuilles te débarrasser de moi, elle n'aura plus besoin de l'écrire ! (*Elle sort en riant.(*

VADUBA

Il n'y a plus d'enfants ! Ah bien; qu'est-ce que vous faites-là à me regarder comme un événement ?

ROSALIE

J'savais pas que Monsieur allait se remarier. pauvre Monsieur ! à votre âge ! vous remarier ! vous voulez donc être cocu ?

VADUBA

Hein ! qu'est-ce qu'elle a dit ? Veux-tu me ficher le camp !

ROSALIE

Non, faut que je range ici. (*à part.*) Epicier, va ! (*Elle range la pièce.*)

VADUBA *à part*

C'est de Nine ! (*Il ouvre la dépêche et lit :* « Mon chéri » (*Parlé*) Son chéri ! (*Il embrasse la dépêche*) Tiens ! tiens ! (*Il lit.*) « Mon chéri, ne viens pas cet après midi, je suis forcée de sortir, ma tante est souffrante, ta petite Nine, le printemps de ton cœur. » (*Parlé.*) Allons, bon ! Moi qui me faisais une fête de passer deux bonnes heures avec elle ! Qu'est-ce que sa tante peut bien avoir ? En voilà une que je maudis ! Elle trouve toujours le moyen d'être malade quand je dois aller chez Nine, elle ne claquera donc pas une bonne fois ! Je vais mettre un petit mot à ma chérie pour lui dire que j'irai demain, (*Il sort à droite*)

SCÈNE V

Rosalie, seule, puis Ledoux.

ROSALIE

Pauvre homme ! Il va se remarier ! Eh bien s'il épouse une jeune femme il ne risque rien de manger son fonds d'épices pour être à la hauteur.

LEDOUX *passant la tête*

On peut entrer ?

ROSALIE

Si c'est pour de l'épicerie je vais aller vous servir, mais, vous savez, vous feriez mieux d'aller en face, la marchandise est meilleure.

LEDOUX

Vous avez une drôle de façon de faire l'article. Mais le produit que je désire je ne puis le trouver qu'ici.

ROSALIE

C'est que vous aimez la camelotte alors.

LEDOUX

Non, mais je viens pour aimer, ou du moins pour épouser, Mlle Suzanne Vaduba.

ROSALIE

C'est-y vous qui êtes Ledoux ?

LEDOUX

Jupiter Ledoux, pharmacien de 1er classe.

ROSALIE

Vous êtes pharmacien ! Ah ! mon Dieu ! je défaille !

LEDOUX

Remettez-vous. Qu'y a-t-il de si surprenant à ce que je sois pharmacien ?

ROSALIE

Pharmacien ! et de 1re classe ! Mais vous ne savez donc pas ?

LEDOUX

Qu'est-ce qu'il y a ?

ROSALIE

Mais c'est que je l'aime, la pharmacie ! Je l'idole, la pharmacie ! je la vénère, la pharmacie !

LEDOUX

Qu'est-ce que vous voulez que ça me fasse ?

ROSALIE

Mais j'y ai été trois ans dans la pharmacie !
Ah ! le chlorate de potasse ! le sublimé ! l'éther !
la teinture d'iode ! et la graine de lin !

LEDOUX

Et puis après ?

ROSALIE

Et puis après ? La teinture de benjoin, les cu-
ratifs, les laxatifs, les vomitifs, les dépuratifs,
les thapsias, les sirops, les clystères, voilà ma
joie ! Aussi quand vous m'avez dit que vous étiez
pharmacien ! j'ai senti dans mon cœur comme
une demi-douzaine de sangsues, j'ai cru boire de
l'huile de foie de morue ou du coaltar ! Et vous,
il me semble que je vous aime déjà ! comme la
limonade purgative !

LEDOUX, à part

C'est la folie du médicament.

ROSALIE

J'ai été trois ans bonne chez M. Crachal, pharmacien de 3ᵉ classe à Asnières-sur-le-Lot.

LEDOUX

Tiens ! c'est curieux, c'est là que j'ai été
garçon de laboratoire.

ROSALIE

Comme on se retrouve ! Mais comment pou-
vez-vous. vous, un pharmacien, épouser une
épicière ?

LEDOUX

Dame ! vous savez bien qu'il ne suffit pas...

ROSALIE

Tutoyez-moi ! tutoyez-moi, ça me fera plaisir.
D'abord entre collègues...

LEDOUX

Si tu veux. Donc, je te disais. qu'il ne suffit
pas d'avoir le diplôme, il faut aussi la pharmacie
et ça coûte cher ! tout compte fait il me reste
37 sous, je ne trouverai jamais une pharmacie,
surtout à Paris, pour ce prix-là. L'épicière,
comme tu dis, a 200,000 francs. comprends-tu ?

ROSALIE

C'est pour ça que vous lui avez envoyé votre
photographie.
Alors. c'est vous la vache.

LEDOUX

La vache ?... ah ! j'y suis, la photo, c'est une
erreur.

ROSALIE

J'allais dire, vous ne ressemblez pas du tout à
votre portrait. Dites-donc, vous allez m'aider.

LEDOUX

A quoi faire ?

ROSALIE

Le déménagement.

LEDOUX

Avec plaisir. (*Il ôte son veston.*) Qu'est-ce qu'il
faut déménager ?

ROSALIE

La table, les chaises, et puis. vous m'aiderez à
descendre mon lit, oui, vous coucherez dans ma
chambre et moi ici.

LEDOUX

Mais je ne veux pas.

ROSALIE

Monsieur le pharmacien, faut m'écouter.

LEDOUX

Dis-moi, qu'est-ce que c'est que la jeune fille ?
Oui, quel caractère ? Enfin, comment faut-il ma-
nœuvrer pour la faire tomber dans mes filets ?
Par nature je suis très timide, mais, comme
beaucoup, quand ma sotte timidité me quitte je
deviens violent, alors, pour la jeune fille...

ROSALIE

C'est une petite dinde, qui n'en fait qu'à sa
tête, son père l'a beaucoup gâtée. Je crois qu'il
lui faudrait un homme à poigne, quelqu'un qui
sache parler aux femmes et la mener tambour
battant. Vous savez, ces petites pimbêches-là, ça
plie devant les biceps.

LEDOUX

Tu crois ?

ROSALIE

Figurez-vous un régime purgatif, mettez-la
dans le mortier et avec le pilou... (*Geste de
piler*) vous en ferez de la pâte de guimauve, de
la pommade rosat. Prenez la table sur votre dos.
(*Elle lui met la table sur le dos.*)

LEDOUX

Comment il faut que je..... Allons ! soit !
(*à part.*) Ah ! Nine ! mon Printemps chéri ! C'est
pour toi tout ça ! C'est pour avoir la dot et te
donner de l'argent que je vais épouser cette
petite épicière.

SCÈNE VI

Les mêmes. Vaduba. Suzanne.

SUZANNE

Tiens ! un déménageur !

VADUBA

Qu'est-ce que ça veut dire ?

ROSALIE

C'est M. Ledoux.

VADUBA

Comment ! M. Ledoux qui porte des tables
sur son dos !

SUZANNE

C'est un portefaix que tu veux me faire
épouser !

LEDOUX (*saluant, la table sur le dos.*)

Monsieur, Mademoiselle, mes respects.

SUZANNE (*riant*)

Ah ! ah ! Pour une première entrevue, elle est bien bonne !

LEDOUX (*même jeu*)

Je vous prie d'agréer.... l'assurance.... avec laquelle....

SUZANNE

Ah ! ah ! Est-ce que vous êtes fort à la Halle ?

ROSALIE (*bas à Ledoux*)

Elle se paye votre tête, rappelez-vous le mortier et le pilon (*geste de piler.*)

VADUBA (*lui aidant à enlever la table*)

Monsieur expliquez-moi......

LEDOUX (*désignant Rosalie*)

C'est Mademoiselle.....

ROSALIE

Oui, c'est moi qui ai prié M. Ledoux, un pharmacien, et de 1re classe encore, de m'aider à déménager les meubles, puisque je dois coucher ici.

VADUBA

C'est vous ! (*à Ledoux*) Monsieur, veuillez excuser cette fille (*à Rosalie.*) Et vous, allez à la boutique.

ROSALIE (*à part.*)

Marchand de mélasse ! (*bas à Ledoux.*) Gueulez plus fort que lui, il veut marier sa fille pour se remarier, ayez du nerf. (*Elle sort au fond.*)

LEDOUX (*à part*)

S'il n'y a qu'à faire les gros yeux ça me connaît. ou timide ou violent. Ah ! Nine ! c'est bien pour toi !

VADUBA

M. Ledoux, vous êtes pharmacien il paraît.

LEDOUX

Oui, mon vieil épicemard, depuis 3 jours.

VADUBA

Epicemard ! (*à part*) Enfin ! Passons ! C'est pour Nine ! (*Haut.*) Tous mes compliments, voici ma fille, votre future femme.

LEDOUX

Pas mal, pas mal ; est-ce que vous aimez la pharmacie, Mademoiselle ?

SUZANNE

Je m'en sers le moins possible.

LEDOUX

Vous avez tort ! Il n'y a que ça ! Quand nous serons mariés je vous en ferai prendre, j'essaierai sur vous tous les nouveaux médicaments.

SUZANNE

Trop aimable (*à part.*) Il a une drôle de façon de me faire la cour. (*Haut.*) Mais remettez donc votre veston.

LEDOUX

Tiens ! c'est une idée. (*Il se rhabille.*)

VADUBA

Vous savez, cher Monsieur, que ma fille se porte très bien, il sera donc inutile de....

LEDOUX

Qui est-ce qui vous demande l'heure qu'il est ? Vous n'allez pas vous mêler de notre ménage, vous savez, une fois mariés nous habiterons seuls, pas de tiers chez moi, mon cher beau-père, du reste l'épicerie n'a rien à voir dans le laboratoire du pharmacien. Maintenant que nous sommes d'accord, Mademoiselle.....

VADUBA

Suzanne.

LEDOUX

Ça m'est égal, j'aurais préféré Jeanne, mais enfin marchons pour Suzanne, je vous préviens que vous serez très heureuse avec moi.

SUZANNE

Vraiment.

LEDOUX

Oui, vous n'aurez qu'à faire tous mes volontés, vous voyez vous n'aurez jamais la peine de penser, je me charge de vous donner les instructions et les ordres nécessaires, ce n'est pas difficile.

SUZANNE

En effet.

VADUBA

Et bien, fillette, te voilà un bon mari.

SUZANNE

Et comment !

LEDOUX

Maintenant, parlons de la dot.

SUZANNE (*à part*)

Il est d'une grossièreté révoltante. (*Haut.*) Je me retire.

LEDOUX

Oui, ces questions-là ne vous regardent pas.

SUZANNE

En effet. (*à part.*) S'il croit jamais m'épouser celui-là ! (*Elle sort à gauche.*)

SCÈNE VII

Ledoux Vaduba

LEDOUX, *à part.*

La dot c'est pour ma Ninette. (*Haut.*) Combien donnez-vous pour qu'on vous débarrasse de votre fille ?

VADUBA

Vous dites ?

LEDOUX

Quelle est la dot ?

VADUBA

200.000 francs.

LEDOUX

Pas plus ! C'est pour rien.

VADUBA

Mais il y a les espérances.

LEDOUX

Les espérances ! C'est que vous n'avez pas l'air de vouloir casser votre pipe le lendemain de la noce. C'est vrai que j'ai pas mal de médecins dans ma manche et qu'en préparant une potion, une bonne petite potion, un pharmacien se trompe si facilement.

VADUBA

Permettez, je ne veux pas de vos produits.

LEDOUX

Il ne nous reste alors que les automobiles. Est-ce que vous allez en auto ?

VADUBA

Non, jamais. J'ai horreur de ces machines-là.

LEDOUX

Il faudra y aller, souvent même, très souvent. Voyons nous disions : jamais malade, n'aime pas l'automobile ; ça vaut bien 50.000 francs de plus.

VADUBA

Ah ! mais non !

LEDOUX

Et c'est donné.

VADUBA

Allons... mettons... 25.000.

LEDOUX

Non, 30 et je vous débarrasse tout de suite. Ah ! dites donc, est-ce que vous n'avez pas l'intention de vous remarier ? C'est que ça diminuerait les espérances.

VADUBA

Me remarier, jamais ! Je puis bien vous le dire... j'ai une maîtresse.

LEDOUX

Jeune, jolie ?

VADUBA

Un ange ! 22 ans, jolie comme les amours !

LEDOUX

Eh ! mais elle pourrait bien croquer l'héritage !

VADUBA

Elle ! Elle m'aime pour moi-même, je ne lui donne rien.

LEDOUX

Les femmes qui ne coûtent rien coûtent cher.

VADUBA

Je lui donne 300 francs par mois, vous voyez, c'est pour rien.

LEDOUX, *à part*

Il faudra que je la voie et les fasse rompre. (*Haut.*) Comment à votre âge !

VADUBA

A mon âge ! mais je ne suis pas si vieux, je n'ai que 50 ans.

LEDOUX

Alors vous êtes né à 20 ans, vous en paraissez 65.

VADUBA

Ah ! ça ! mais vous n'êtes pas poli ! (*à part.*) Il faut vraiment que j'aie hâte de me débarrasser de Suzanne pour être tout à ma Ninette, sans ça !

LEDOUX

Lorsque je parle de votre âge ce n'est pas pour vous le reprocher. Ce n'est pas de votre faute si vous êtes vieux, décrépit et usé.

VADUBA

Ah ! mais, à la fin !

LEDOUX

Je disais : A votre âge, et aussi bien conservé que vous êtes, vous devriez avoir 20 maîtresses plutôt qu'une, (*à part.*) Ça irait plus vite. (*Haut.*) Vous, vous avez mauvais caractère, une sale nature hein ? Coléreux, si vous aviez seulement une bonne petite maladie de cœur !

VADUBA

Non, je n'ai pas de maladie de cœur.

LEDOUX

Vous en êtes bien sûr ?

VADUBA

Tiens ! En voilà une question !

LEDOUX

Vous permettez que je vous ausculte ? Il faut bien que je suppute les chances que j'ai de vous garder plus ou moins longtemps.

VADUBA

Vous donneriez bien 3 sous pour que je sois tuberculeux.

LEDOUX

Je vais vous ausculter. (*Il le tourne et retourne dans tous les sens.*)

VADUBA

Eh bien ?

LEDOUX

Toussez.

VADUBA, *il tousse doucement*

Hum !

LEDOUX
Plus fort.

VADUBA, *il tousse très fort*
Hum !

LEDOUX
Vous, vous vivrez jusqu'à 100 ans.

VADUBA
J'en étais sûr.

LEDOUX
Vous dites avoir 50 ans, pour aller à 100 ça vous fait 50 ans à vivre, vous voyez que les espérances sont plutôt problématiques. Nous avons dit 300.000 francs d'espérances, à 5 0/0 ça fait 15.000 francs d'intérêts par an que vous devrez me verser jusqu'à votre mort.

VADUBA
Ah ! mais non, ça ne va pas !

LEDOUX
Alors mourez tout de suite.

VADUBA
Je vous donne 230.000 francs de dot et pas un radis de plus.

LEDOUX
Je le disais bien que vous avez un sale caractère, vilaine nature, égoïste, avare.

VADUBA
Ça vous va, oui ou non ?

LEDOUX
Cette bêtise ! Il faut bien que ça m'aille ! (*à part.*) J'ai 37 sous et Nine a besoin de 25 louis à la fin du mois.

SCÈNE VIII

Les Mêmes, Rosalie

ROSALIE, *elle entre avec un traversin, et elle envoie des baisers à Ledoux.*
Un pharmacien ! Un vrai ! Tiens ! amour !

VADUBA
C'est à moi que vous envoyez des baisers ?

ROSALIE
A vous, non, c'est à la pharmacie.

VADUBA, *à Ledoux*
Vous connaissez Rosalie..

LEDOUX
Non, mais nous avons été dans le même laboratoire, pas ensemble, l'un après l'autre.

VADUBA, *à part*
Sapristi ! Et ma lettre à Nine ! (*Haut.*) Je vais vous envoyer ma fille, faites votre cour car vous ne pouvez pas l'épouser sans son consentement.

LEDOUX
Vous croyez que c'est absolument utile ?

VADUBA
Son consentement ! En voilà une question ! je ne puis pas vous épouser pour elle.

LEDOUX
Envoyez la demoiselle, je vais l'apprivoiser.

ROSALIE, *à part*
Est-il beau ! Est-il beau !

VADUBA
Ah ! vous ne connaissez pas encore ma fille, parlez-lui doucement, soyez tendre, persuasif, galant, c'est une nature d'élite et très délicate. Vous m'avez compris ?

LEDOUX
A moins d'être bouché à l'émeri !

VADUBA
Je vous l'envoie. (*Il sort.*)

SCÈNE IX

Rosalie, Ledoux

ROSALIE
Eh bien, ça va-t-il nos petites affaires

LEDOUX
Je crois qu'oui.

RASALIE
Rappelez-vous de mes conseils, le vieux ne sait pas ce qu'il dit, soyez brusque, violent, c'est une drogue cette petite dinde-là élevée entre un bocal de cornichons et un baril de cassonade, ça pose comme une fille de duchesse !

LEDOUX
Alors, tu crois que...

ROSALIE
Si vous avez l'air d'une pâte de lichen, c'est la gosse qui portera la culotte. Passez-la à l'alambic et elle fera toutes vos volontés.

LEDOUX
C'est drôle tout de même.

ROSALIE
Tenez, moi, quand j'étais dans la pharmacie, un tas d'hommes m'ont fait la cour, ils me disaient des fadeurs et des douceurs, ça me faisait l'effet d'eau de Janos, un jour, Letrou...

LEDOUX
Quel trou ?

ROSALIE
Letrou c'était le caporal-sapeur du 329me de ligne

LEDOUX
Bien, mais qu'est-ce que Letrou vient faire là-dedans ?

ROSALIE

Vous allez le savoir, Letrou me dit : Je t'aime, Rosalie, je te veux, si tu fais des magnes je te prends de force, alors...

LEDOUX

Alors ?

ROSALIE

Comme il l'aurait fait comme il le disait, alors je me suis laissée prendre. Faites de même avec la petite sucrée, une, deux, à la baïonnette ! En avant ! Et plantez le drapeau de la Croix-Rouge dans les boîtes de conserves de votre future.

LEDOUX

Tu dois avoir raison.

ROSALIE

Et puis elle ne pourra pas vous résister, vous si beau, si bon, si grand, si pharmacien ! Ah ! si c'était moi ! Je vous dirais comme Letrou : Je te veux ! si tu fais des magnes je te prends ! alors.

LEDOUX

Alors je vais suivre les conseils, du reste je m'en suis assez bien trouvé avec le beau-père.

ROSALIE

Et puis surveillez votre langage, c'est du peuple ce monde-là, de la classe inférieure, un épicier ! Tandis que vous, un Pharmacien, vous êtes de la première classe. Aussi parlez-lui comme on parle à la fille d'un épicier.

LEDOUX

Tu dois avoir raison.

ROSALIE

Si elle fait sa mijaurée, allez, allez : Je t'aime et si tu fais des magnes ! allez-y de la phrase de Letrou. Vous occupez pas de moi, je suis forcée d'aller et venir, je vais faire mon lit ici.

SCÈNE X

Les Mêmes, Suzanne

SUZANNE, *entrant à part*

Il me déplaît souverainement ce Monsieur.

ROSALIE, *à Ledoux*

La voilà, allez, allez, chauffez le bocal.

LEDOUX, *à Rosalie*

Oui, merci. (à Suzanne.) Mademoiselle...

SUZANNE

Monsieur, (à part.) Il a l'air plutôt bête.

ROSALIE, *bas à Ledoux*

Allez-y donc, souvenez-vous de la phrase de Letrou.

LEDOUX, *à Rosalie*

Ah ! oui, les magnes ! (à Suzanne.) Mademoiselle... je suis... (à part.) Bon ! voilà ma timidité qui me reprend !

SUZANNE

C'est tout ce que vous avez à me dire ?

ROSALIE, *bas à Ledoux*

Allez-y donc ! Letrou.

LEDOUX

C'est-à-dire, non, M. votre père, un bien brave homme entre parenthèses...

SUZANNE, *à part*

Il est idiot !

ROSALIE, *bas à Ledoux*

Alo donc ! ate donc ! Letrou.

LEDOUX

Vous aussi, vous avez l'air d'une bien brave femme.

SUZANNE

Hein ?

ROSALIE, *bas à Ledoux*

C'est ça, allez, allez, chauffez Letrou.

LEDOUX

Je veux dire d'une brave et charmante jeune fille.

SUZANNE, *à part*

Quelle conversation ! (Haut). Rosalie, avancez une chaise à M. Ledoux.

ROSALIE, *avançant la chaise, bas à Ledoux*

Mais allez donc ! vous avez l'air d'un petit garçon ! la petite se paye votre tête ! Letrou.

LEDOUX, *bas à Rosalie*

Tu crois que... tu vas voir. (Haut.) Mademoiselle ! (à part.) C'est mieux déjà (Haut). Mademoiselle ! Mademoiselle ! (Il dit ces trois Mademoiselle sur des tons différents.)

SUZANNE, *même jeu*

Monsieur ! Monsieur ! Monsieur (à part.) Mais a-t-il l'air godiche !

ROSALIE, *bas à Ledoux*

J'aime mieux m'en aller ! Vous vous êtes digne de l'épicerie !

LEDOUX, *bas à Rosalie*

Épicier ! tu vas voir ! (Haut). Mademoiselle...

SUZANNE

Après ?

LEDOUX, *à part*

A moi Letrou ! (Haut.) Je t'aime ! Je te veux ! si tu fais des magnes je te prends de force.

SUZANNE

Vous dites ?

ROSALIE, *bas à Ledoux*

Bravo !

LEDOUX

Je dis, Mademoiselle, que je vous veux pour femme, oui, je vous fais cet honneur, je consens à vous sortir des légumes secs et du macaroni où vous marinez pour vous conduire à la caisse de ma pharmacie et planter le drapeau de la Croix-Rouge dans vos boîtes de conserves.

SUZANNE, *à part*

Il va bien ! (*Haut.*) Monsieur ! vous êtes un insolent !

LEDOUX

Pas le moins du monde, vous avez mal interprété mes paroles, élevée dans l'épicerie vous avez le caractère épicière, quand vous serez dans la pharmacie vous serez pharmacière.

SUZANNE, *à part*

Je m'amuse ! Il est absolument idiot !

ROSALIE, *bas à Ledoux*

Bravo ! Continuez, moi je vais déménager... Letrou... Letrou... (*Elle sort.*)

LEDOUX

Avant de nous marier il serait bon je crois de connaître nos goûts respectifs, ainsi, moi je suis gourmand, j'aime les bonnes choses, le plaisir, je passe une partie de mes nuits au cercle, je prends rarement mes repas chez moi.

SUZANNE

Moi, monsieur, je ne suis pas gourmande je n'aime que l'Opéra-Comique, je ne passe jamais de nuits au Cercle et je prends mes repas à la maison.

LEDOUX

Ça se trouve bien, nous nous disputerons rarement, pendant que je serai au Cercle vous garderez la boutique et vous ferez faire vos repas à votre goût pendant que je mangerai au restaurant.

SUZANNE

Douce perspective.

LEDOUX

Je vous donnerai... voyons... 50 francs par mois pour votre couturière, votre modiste et vos menues dépenses.

SUZANNE

Vous êtes trop généreux, j'en dépense 100 ici et je ne suis pas mariée.

LEDOUX

Ça vous apprendra l'économie, l'économie il n'y a que ça !... J'ai l'air doux et tendre, je suis vindicatif, nerveux, violent, enfin tout ce qu'il faut pour vous rendre heureux.

SUZANNE

Vous êtes trop bon, mais je doute que nous nous entendions.

LEDOUX

Il le faudra. D'abord, ce que je veux il faut le vouloir.

SUZANNE

Et si je ne le voulais pas ?

LEDOUX

Alors je dirais avec Letrou...

SUZANNE

Letrou ?

LEDOUX

C'est un sapeur. Je dirai : Je te veux, si tu fais des magnes je te prends. (*Il cherche à la prendre dans ses bras.*)

SUZANNE, *se défendant*

Tenez, voilà pour vous ! (*Elle le gifle.*)

SCÈNE XI

Les Mêmes, Vaduba

VADUBA, *entrant*

Touché !

LEDOUX

Giflé ! Mademoiselle, vous m'en rendrez raison !

SUZANNE

Un duel avec moi. (*Elle rit.*)

LEDOUX

Non, mais avec vous Monsieur vous êtes responsable des actes de votre fille.

VADUBA

Qu'est-ce qu'il y a ?

LEDOUX

J'ai été giflé !

VADUBA

Eh bien qu'est-ce que ça peut faire ? C'est le commencement du ménage : Qui aime bien, châtie bien.

LEDOUX

Alors, ma gifle ?

VADUBA

Gardez-là c'est en plus de la dot. A part ça, vous entendez-vous ? Si vous commencez à vous battre avant d'être mariés, qu'est-ce que vous ferez après ?

SUZANNE

Papa, je ne veux pas me marier.

VADUBA

Mon enfant, tu as giflé M. Ledoux, tu lui dois une réparation.

SUZANNE

Envoie chercher un emplâtre, ça fera deux.

LEDOUX

Je ne puis tolérer !...

VADUBA

Tout ça s'arrangera (*à Suzanne.*) Pourquoi cette gifle ?

SUZANNE

Il voulait m'embrasser.

VADUBA

Si c'est ainsi que tu reçois ton mari quand il veut t'embrasser, eh bien, fillette, qu'est-ce qu'on t'a appris au couvent?

LEDOUX, *à part*

Ah! si ce n'était pas la dot!

VADUBA

Voyons, tu vas réparer, tu vas embrasser la joue que tu as frappée.

SUZANNE

Jamais de la vie!

VADUBA

Tu veux donc me faire de la peine, me faire pleurer, me forcer à faire des excuses?

SUZANNE

Pleure pas, va, papa. (*Elle embrasse Ledoux du bout des lèvres.*)

VADUBA, *appelant*

Rosalie! Rosalie!

SCÈNE XII

Les Mêmes, Rosalie

ROSALIE, *entrant*

Qu'est-ce qu'il y a?

VADUBA

Va nous chercher une bouteille de Médoc, tu sais, celui de derrière les fagots, tout recouvert de toiles d'araignées.

ROSALIE

Bien, Monsieur, (*elle envoie des baisers à Ledoux.*) Qu'il est beau! Qu'il est beau! (*Elle sort.*)

VADUBA

Maintenant, causons sérieusement. Ma fille vous plaît.

LEDOUX

Peuh! Peuh!

VADUBA

Pour la dot nous sommes d'accord.

LEDOUX

Peuh! Peuh!

VADUBA

Nous étions d'accord tout à l'heure. Alors nous fixons la noce à dans un mois.

LEDOUX

Non, dans 15 jours.

VADUBA

Est-il pressé! Je comprends ça! A son âge!

SUZANNE, *à part*

Je crois que je compte pour un zéro en chiffre, eh bien s'il se marie ce ne sera toujours pas avec moi.

VADUBA

Mettons trois semaines; le temps de prévenir nos parents et amis.

LEDOUX

Mais j'espère bien que la noce sera faite dans le plus strict incognito.

VADUBA

Jamais de la vie! Je veux des fleurs, des orgues de la musique, 200 couverts, une noce à faire partout!

LEDOUX

Ah! mais non!

VADUBA

Ah! mais si!

SUZANNE, *à part*

Ils s'y croient!

VADUBA

Nous aurons, en dehors des parents, le boulanger et sa famille, le charcutier et ses filles, le secrétaire de la mairie, M. Roussin l'agent de la sureté un journaliste M. Intérim, et vous de votre côté?

LEDOUX

Moi? personne, je suis orphelin et je ne vois pas la nécessité d'inviter du monde à assister à la demande d'autorisation que je vais faire à un Monsieur ceint d'une écharpe, du droit de coucher le soir avec ma femme.

VADUBA

Bon, j'en inviterai pour vous. Quant à l'église..

LEDOX

Ah! non, pas d'église.

SUZANNE

Je ne me marierai jamais civilement.

VADUBA

Vous avez entendu?

LEDOUX

Bon, passons sur l'église (*à part.*) Si ce n'était pas la dot!

ROSALIE, *entrant.*

V'la la fiole (*elle la pose au fond.*)

VADUBA

Donnez-nous des verres. (*Rosalie pose 4 verres sur la table.*) Quatre verres! nous ne sommes que trois.

ROSALIE

Ben et moi, je crève de soif.

VADUBA

Voulez-vous nous fiche la paix! Passez-moi la bouteille.

ROSALIE, *l'essuyant avec son tablier*

Voilà.

VADUBA

Que faites-vous? Vous êtes folle!

ROSALIE

Elle était sale. Dans la pharmacie on ne sert jamais une bouteille sale.

VADUBA

Vous nous embêtez avec votre pharmacie ! (*Rosalie secoue la bouteille*). Malheureuse ! un vin qu'il ne faut jamais remuer !

ROSALIE

Je ne savais pas, dans la pharmacie on dit toujours : « Agiter avant de s'en servir. »

VADUBA

Voilà une bouteille de perdue !... Nous la boirons tout de même.

ROSALIE, *à part*

Epicier, va !

VADUBA, *verse à boire, ils boivent tous les trois et font une horrible grimace*.

Qu'est-ce que c'est que ça ?

LEDOUX

Vous voulez m'empoisonner !

SUZANNE

Que c'est amer !

ROSALIE

C'est du quinquina (*bas à Ledoux*.) Pour te donner des forces.

VADUBA

Brute épaisse !... Revenons à nos moutons : Après le dîner, bal de nuit, pendant ce temps...

LEDOUX

Je disparais avec ma femme.

VADUBA

Est-il pressé !

SUZANNE

Aimez-vous la musique.

LEDOUX

Ah ! mais non !

SUZANNE

C'est que je joue du piano toute la journée.

LEDOUX

Charmant !

SUZANNE

Et la poésie ?

LEDOUX

Ça c'est mon fort ! Je vous ai même composé une pièce de vers.

SUZANNE

Voyons, je veux la lire moi-même.

LEDOUX, *sortant un papier de sa poche et le lui donnant*

Voici.

SUZANNE, *lisant*

« Mon chou chéri. »

LEDOUX, *voulant le lui reprendre*

Ce n'est pas ça !

SUZANNE, *le défendant*

C'est signé « Nine Printemps. »

VADUBA

Nine Printemps ! Donne ! (*il lui prend le papier et lit.*) Mon chou chéri épouse vivement la petite cruche au sac, j'en ai soupé de cet épicier (*Haut.*) Soupé ! Epicier ! Moi ! (*lisant*) dès que tu auras palpé la dot je le balance et je n'aurai plus que toi que j'adore. Viens me retrouver cet après-midi, j'ai dit au marchand de sucre candi que j'allais chez ma tante malade. Ta Nine Printemps pour la vie ! » (*Haut.*) Ah ! c'est trop fort ! Sa tante c'était vous ! Et vous croyez avoir la dot de ma fille pour cette gueuse qui me... qui nous... enfin, votre gourgandine ?

LEDOUX

Je vais vous expliquer...

VADUBA

Hors d'ici, satyre ! Coureur de dot !

LEDOUX

Je suis foutu. (*Il sort et se rencontre avec Rosalie qui entre et renverse un plateau qu'elle apportait.*)

ROSALIE

Vous partez, attendez-moi, je vais avec vous (*à Vaduba.*) Epicier, va !

VADUBA

Heureusement que ma perspicacité a dévoilé ce don Juan ! Pauvre petite tu le voulais à toute force ce pharmacien, mais j'étais là ! Je t'en trouverai un autre dans l'Epicere, ça vaudra mieux !

SUZANNE

Celui-là venait. Pour avoir la dot !

Imp. LALANDE-PEROUX. — Saint-Amand (Cher).

AUTEURS	TITRES DES ŒUVRES	HOMMES	FEMMES	PRIX		AUTEURS	TITRES DES ŒUVRES	HOMMES	FEMMES	PRIX
Pierre Achard	Dans l'Escalier	2	1			D... Bernard	Instantanés			
H. Lebreton	Débuts d'une Étoile (Les)	5				Mumol	Jacotte			
Cellier-Cramet	Demoiselles Plumenloy (Les)	3	1			E. Warmoes	Jacquets (Le)			
A. Condamin	Dépêches de Lucien (Les)	2	2			Liger-Aubrun	J'ai perdu Virginie			
Saint-Paul	Déraillement (Le)	3	2				J'attends l'Huissier			

AUTEURS	TITRES DES ŒUVRES	HOMMES	FEMMES	PRIX NETS
De Marson	Partie carrée	4	3	s. m.
B. Lebreton	Parties fines	4	4	s. m.
Ed. Lhuillier	Pasquinette	1 3	1	3 »
Ch. Esquier	Passes magnétiques	3	2	s. m.
H. Moreau-E. Brasseur	Peau-rouge de la Bastille (Le)	2 4	4	s. m.
Rose fils	Peintre de talent	5	3 4	loc.
Moreau-Darsay	Pension Carabin (La)	4	4	s. m.
L. Bouvet	Pensionnat St Amour (Le)	2	1	2 50
Offenbach-Roques	Péri-Colla (Parodie de Périchole) (La)	2	2	s. m.
Lebreton, St-Paul	Péril jaune (Le)	3	1	s. m.
E. Warmoes	Permission de Binjot (La)	3 6	4	s. m.
H. Moreau-Soudant	Permission de la nuit (La)	6 2	1	s. m.
Trébla-St-Cyr	Personne	3	3	s. m.
Landay	Pet il Pet !!	3	3	s. m.
B. Lebreton	Petit factionnaire (Le)	4 3	3	5 »
L. Collin	Petit Spahi (Le)	3	2	s. m.
Gribinski	Petite Étoile	2	2	s. m.
L. Bouvet-St Paul	Petite Fifi (La)	3	2	s. m.
Léon Jancey	Petite Guerre (La)	4	4	s. m.
L. Bouvet-F. Muffat	Petites Actrices (Les)			loc.
Lebreton-Moreau	Petits Zouzous (Les)	troupe		2 »
André	Picotin (Le)	2	3	s. m.
L. Martin et E. Dubeau	Pilules du Docteur (Les)	3	2	s. m.
Lebreton-Bessier	Piston de Clémentine (Le)	3	2	loc.
Schmoll	Pitou	3	3	s. m.
F. Barbé-L. Bouvet-Roydel	Plaquée	3 1	1	s. m.
H. Barbé	Plus que 1.089 jours	1	5	5 »
F. Barbier	Points jaunes (Les)	6	4	loc.
Hossoss-Piccolini	Pommes d'amour (Les)	4 2		loc.
Dubeau-L. Martin	Potache en goguette (Le)	4	1	5 »
F. Barbier	Poupée automate (La)	4	3	s. m.
St Paul-G. Rose fils	Pour avoir la fille	2	2	loc.
A. Lambert et B. Lebreton	Pour être papa	1	2	s. m.
C. Roland	Pour le guérir	3	3	s. m.
A. Varez-Paul St-Philippe	Pour pincer Eliane	2 3	3	s. m.
Fay	Pour qui le gosse ?	4 3	2	s. m.
Lebreton-St-Paul	Pour qui qui volait-on ?	4	3	s. m.
A. Ibels et Rouyer Dorcières	P. P. C. ou les petits trous pas chers	»	1	s. m.
A. Lambert	Première brouille (La), Comédie	2	3	s. m.
St Paul-P. Avril	Première scène	1 4	3	5 »
F. Barbier	Premières armes de Paroy (Les)	4	2	s. m.
L. Bouvet-G. Arribat	Prends mon oncle	4	2	s. m.
L. Rose fils-H. Ryvez	Prestige de l'uniforme (Le)	4	1	s. m.
L. Potier-B. Dubreuil	Prise de la Bastille (La)	1	3	s. m.
Moreau	Professeur de Chant (Le)	3	3	s. m.
De Marson	Pucelle de Mézidon (La)	3 5	3	s. m.
Henry Gambart	Pupille du charcutier (La)	5	3	s. m.
Lebreton	Quatre hommes et un caporal	5	2	s. m.
G. Rose fils-Ryvez	Que Madame n'en sache rien	2	2	s. m.
Délilia-Héros	Qui va à la chasse	1	2	3 »
L. Collin	Qui se dispute s'adore	2 3	2	s. m.
St Paul-G. Rose fils	Qui veut la fin	3 2	2	s. m.
L. Bouvet-F. Muffat	Rabiot (Le)	2	1	3 »
Léon Jancey	Ra! Fla!!	2 1	1	4 »
Villebichot	Réponse du Berger (La)	1	1	4 »
Jacoutot	Retour de Kerdrec (Le)	1	1	4 »
Meugé	Retour de Margotte (Le)	1	1	4 »
L. Collin	Retour de Musette (Le)	5	5	s. m.
De Marson	Revenant de la rue de la Pompe (La)	4	4	loc.
Lebreton	Revue à l'envers (La)	4	1	loc.
St Paul	Revue interdite		1	s. m.
Lhuillier	Risette	troupe	»	1 »
Yvel et Briolet	Roi Kokn (Le)	3	1	2 »
Désormes	Rolland furieux	2	»	4 »
L. Désormes	Romance impossible (La)	1 1	1	4 »
Michiels	Rozière d'Interlaken (La)	3	2	s. m.
Jancey	Sabre et plumeau	3	3	s. m.
G. Rose fils-F. Bouyeret	Sacré Cake-Walk	6 2	2	s. m.
L. Rivaux	Sacré jour de l'an	2	3	s. m.
L. Bouvet-G. Arribat	Sacré Jules	3	3	s. m.
Briollet-Tinant	Sacré Vermillon	3	3	s. m.
B. Lebreton-J. Lebreton	Sacrée Nounou	5	2	s. m.
H. Moreau-Arnoud	Saint-Antoine malgré lui	2	2	s. m.
P. Lefaure	Saint-Prosper (La)	2	2	s. m.
Louis Bouvet-G. Arribat	Salade d'Ordonnances	3	2	s. m.
B. Lebreton-J. Lebreton	Salade de Gendarmes	3	1	s. m.
Champavert-Hubin	Sandrina	1	1	loc.
L. Dottin	Sauvage malgré lui	3	5	s. m.
R. Planquette	Serment de Mme Grégoire (Le)	1	1	s. m.
Lebreton-Soudant	Soriheul du marin (Le)	4	1	5 »
Ouvrier	Simone et Boquillon	4	2	loc.
Lebreton St-Paul	Singeries de l'Amour (Les)	4	4	s. m.
B. Lebreton-H. Darsay	Sœur du Cabotin (La)	1	»	loc.
R. Buffières-Mallait	Soirée bourgeoise	2	4	s. m.
Leserre	Soirée d'amateurs (pochade)	5	5	s. m.
Lebreton-Moreau	Soldat !	1	1	s. m.
H. Gilbert	Son amant	2	2	s. m.
H. Lambart et M. Molet	Soucis de la paternité (Les)	2	1	s. m.
Meyan	Soupirs du Cœur	4	3	s. m.
Briolet-Tinant	Source merveilleuse (La)	3	2	s. m.
Damare-P. Lauzey	Sous-Préfet de Péseinas (Le)	2	1	s. m.
Ch. Malo	Souviens-toi de Clémentine	2	3	loc.
Moreau-Darsay	Spiritisme des familles			loc.
D. Jourda et A. Kesler	Stratagème !	4	2	s. m.

AUTEURS	TITRES DES ŒUVRES	HOMMES	FEMMES	PRIX NETS
Tac.-Coen	Suzette Suzanne et Suzon	1	3	s. m.
Mauzin	Syndicat des marchands de marrons (Le)	5	3	s. m.
A. Mesnil	T'amuses-tu Pingot	6	»	s. m.
Levavasseur	Tante d'Amérique (La)	3	3	s. m.
C. Roland	Ta pomme Paris	3	10	loc.
Wachs	Tata chez Toto	2	1	4 »
G. Hervé-O. Fabrice	Témoin	4	3	s. m.
L'empereur et Primard	Témoin (Le)	3	1	io.
St-Paul et Rose fils	Terrible affaire	3	2	s. m.
Briollet-Gerny	Testament Cracfort (Le)	8	6	loc.
Marc Sonal	Théophile	2	1	s. m.
B. Lebreton-E. Blairat	Tisane des Boërs (La)	4	2	s. m.
Chassaigne	Toc	2	2	s. m.
Hervé	Toinette et son carabinier	2	1	5 »
B. Lebreton	Tombeur de l'Escouade (Le)	3	2	s. m.
Blanchard de la Bretesche	Torero de Lolotte (Le)	5	5	loc.
M. Guillemaud	Toto la Rincette	5	5	loc.
Wachs	Totor et Titine	1	1	loc.
Cartier	Train des Maris (Le)	2	2	4 »
Moreau-Duroc	Tranquil'hôtel	5	4	s. m.
Moreau-Darsay	Trente mille francs par an	2	2	loc.
B. Lebreton-St Paul	Tringlots (Les)	4	3	s. m.
H. Gilbert	Triple alliance (La)	5	2	s. m.
L. Lebreton-J. Tranchant	Trois Divorces (Les)	5	3	s. m.
Lebreton-Téramond	Trois Gosses (Les)	4	4	loc.
	Trois hercules pour une femme	3	2	s. m.
Bouvet	Troisième du trois (La)	6	6	s. m.
Bessière	Trio d'Apaches	3	2	s. m.
F. Hossogl-F. Bouseret	Trio de Vertus	4	2	s. m.
A. Dunuo et E. Pacra	Troublante énigme	3 3	3	s. m.
L. Bouvet et H. Arribat	Trougnol est un modeste	3 3	3	s. m.
Henry Gambart	Trouvez un père	4	5	s. m.
Rose fils et Rivez	Truc de Binochet (Le)	3	2	s. m.
Guillemaud-de-Marsan	Truc du Pharmacien (Le)	4	1	loc.
Lambert-Lebreton	Tu le seras	2	2	s. m.
Daniel Jourda	Un amour d'épicier	2	1	4 »
Javelot	Un attentat au bois	2	2	s. m.
Bessière	Un beau père criminel	3	2	s. m.
F. Lefaure	Un bon ami	2	1	s. m.
Cardet-Lannoy	Un bon tuyau	9	4	s. m.
D. Fay	Un cas d'amnésie	9	2	s. m.
H. Barbé-G. Touzé	Un charcutier dans les fers	1 3	1	4 »
P. Henrion	Un client pas sérieux	4 1	3	s. m.
De Marson	Un coq en jupons	1 2	1	4 »
Chassaigne	Un do malade	2 1	1	5 »
Banès	Un domestique pour rire	3 1	2	4 »
Wachs	Un dragon pour deux	3	2	1 »
Moreau-Gramet	Un épicier peu commode	4	2	loc.
L. Roy	Un futur sur le gril	2	2	4 »
G. Laurens	Un gendre à poigne	2	2	5 »
Ch. Malo	Un grand criminel	4	2	s. m.
H. Levavasseur	Un hercule qui ne veut pas se rouiller	2	1	loc.
Péricaud	Un jour d'audace	4	1	s. m.
St-Paul	Un mariage à la force du poignet	1	3	3 »
Cambillard	Un mariage au flageolet	1 1	1	4 »
Ch. Malo	Un mari à l'essai	1	1	4 »
F. Bernicat	Un mari en grande vitesse	3	1	4 »
Péricaud	Un mari somnambule	2	2	s. m.
Moreau-R. Parault	Un mauvais conscrit	2	»	4 »
L. Collin	Un Monsieur qui frotte	4	3	s. m.
B. Vallès-E. Garnier	Un Oncle pour deux	3	2	s. m.
B. Lebreton St-Paul	Un 1er jour de ménage	1 2	1	4 »
Chassaigne	Un sauvetage	2	3	s. m.
Mavarque	Un souper chez Mlle Contat	»	2	5 »
F. Barbier	Une aventure de la clairon	2	2	6 »
Bernicat	Une belle mère à condition	3	3	s. m.
H. Gambart et G. Charpentier	Une Corbeille de Noce	5	3	s. m.
Garnier-Vallès	Une drôle de Marquise	2	1	3 »
E. André	Une femme de quart de monde	2	1	4 »
Joubaud	Une femme pour six sous	3	1	5 »
Marc Sonal-Victor Gréhon	Une femme tombée du Ciel	3	1	s. m.
L. Roques	Une fille à trucs	2	1	s. m.
Villebichot	Une fille en loterie	1	1	s. m.
Lionville	Une intrigue chez les Mouchemiel	4	4	s. m.
Touzé Monjardin	Une lune de miel Normande	1	1	3 »
Desormes	Une mariée sans mari	1	2	s. m.
L. Collin	Une marine à la vapeur	3	2	s. m.
Ed. Lhuillier	Une mauvaise connaissance	2	1	loc.
Desormes	Une mauvaise nuit	2	2	s. m.
Moreau-Darsay	Une nuit d'ivresse	2	2	4 »
Saint-Paul et M. Lapin	Une partie à Robinson	3	3	loc.
L. Martin	Une partie de pêche	3	4	s. m.
L. Lebreton-St Paul	Une petite femme en or	1	1	4 »
Wachs	Une pleine eau à Chatou	2	2	4 »
Bernicat	Une Rosserie	2	»	4 »
Lebreton-St-Paul	Une table de café	2	1	4 »
Chassaigne	Une tempête conjugale	1	1	4 »
Robillard	Valet de cœur (Le)	3	2	s. m.
R. Planquette	Vase de Soissons (Le)	2	1	s. m.
St Paul	Vengeance de Ramolli (La)	3	2	4 »
Robillard	Vermouth et Tilleul	2	1	s. m.
L. Roydel et Josi	Viens mon Toutou	1	3	s. m.
L. Jancey	Vieux le Melon et le Rat (Le)	2	1	s. m.
Bouvet-Arribat	Vingt-cinq minutes d'arrêt	4	2	s. m.
Lebreton-St-Paul				

AUTEURS	TITRES DES ŒUVRES	HOMMES	FEMMES	PRIX NETS	AUTEURS	TITRES DES ŒUVRES	HOMMES	FEMMES	PRIX NETS
Vallès-Talber	Vingt huit jours de Goreafiol (Les)	7	3	loc.	Jacobi	Voilà l'plaisir mesdames	1	1	4 "
Normand-Vallès	Vive les Bleus	7	1	loc.	E. Triber-Delaître	Volupté des dames (La)	4	3	s. m.
De Marsan	V'nez donc nous voir	4	3	s. m.	E. Bouveret et F. Bossoyl	Voyage pendant la Noce	3	2	s. m.
Lebreton-Moreau	Vocation d'Isoline (La)	1	2	5 "	L. Valbe A. Verse	Ya du coton	7	6	loc.

Pour les représentations avec Orchestre. Prière de demander
les conditions de Location.

LIVRETS 1 Franc. NET.

www.ingramcontent.com/pod-product-compliance
Ingram Content Group UK Ltd.
Pitfield, Milton Keynes, MK11 3LW, UK
UKHW020114100726
13658UKWH00005B/2173